AXEL GOMILLE

INDIEN

IM LAND DER TIGER UND TEMPEL

TECKLENBORG

INHALT

AFGHANISTAN
PAKISTAN
CHINA
TIBET
NEPAL
BHUTAN
BANGLADESCH
MYANMAR
INDIEN
SRI LANKA
Himalaya
Islamabad
Srinagar
Leh
Indus
Amritsar
Shimla
Haridwar
Ganges
Corbett Nat. Park
Yamuna
Delhi
Rajasthan
Wüste Thar
Jaisalmer
Nagaur
Bharatpur
Amber
Jaipur
Agra (Taj Mahal)
Keoladeo Nat. Park
Jodhpur
Pushkar
Ranthambhore Nat. Park
Karatschi
Mount Abu
Udaipur
Khajuraho
Panna Nat. Park
Annapurna 8091 m
Mount Everest 8848 m
Kanchenjunga 8586 m
Lhasa
Royal Chitwan Nat. Park
Kathmandu
Thimphu
Darjeeling
Brahmaputra
Assam
Kaziranga Nat. Park
Guwahati
Patna
Varanasi
Ganges
Ganges
Dhaka
Bandhavgarh Nat. Park
Ahmedabad
Arabisches Meer
Gujarat
Narmada
Madhya Pradesh
Kanha Nat. Park
Kolkata (Kalkutta)
Pench Nat. Park
Sunderban Nat. Park
Gir Nat. Park
Surat
Nagpur
Diu
Ajanta Caves
Tadoba Nat. Park
Puri
Naypyidaw
Godavari
Mumbai (Bombay)
Pune
Irawadi
Golf von Bengalen
Hyderabad
Rangun
Krishna
Badami
Hampi
Goa
Karnataka
Andamanen
Bangalore
Chennai (Madras)
Nagarhole Nat. Park
Mysore
Bandipur Nat. Park
Port Blair
Indischer Ozean
Kaveri
Lakshadweep
Kochi (Cochin)
Madurai
Periyar Nat. Park
500 km
Andamanensee

Einführung

Könnten Sie ein paar indische Millionenstädte aufzählen? Vielleicht kommen Ihnen Namen wie Delhi, Kalkutta oder Bombay – das inzwischen Mumbai heißt – in den Sinn. Die sieben größten indischen Metropolen haben zusammen rund 80 Millionen Einwohner – ungefähr so viel wie Deutschland. Hinzu kommen 39 weitere Millionenstädte. Pune oder Surat zum Beispiel. Beide sind größer als Berlin, aber die meisten von uns haben noch nie etwas von ihrer Existenz gehört. Daneben gibt es viele weitere Groß- und Kleinstädte und eine geradezu unüberschaubare Menge an Dörfern. Insgesamt leben zurzeit etwa 1,2 Milliarden Menschen in Indien – Tendenz steigend. Schon in wenigen Jahren könnte Indien China überrundet haben und das bevölkerungsreichste Land der Erde sein.

Ist da überhaupt noch Platz für Wildtiere? Die überraschende Antwort lautet: allerdings. Bis heute sieht man in Indien überall Papageien in den Gärten, Eisvögel auf den Stromleitungen, Affen auf den Dächern und Antilopen auf den Feldern. Wildtiere sind fast allgegenwärtig. Ihre enorme Vielfalt in einem von Menschen so dicht besiedelten Land stellt eine große Besonderheit dar. Auf dem Subkontinent liegen sogar mehrere Gegenden, in denen der Reichtum an Tieren und Pflanzen überdurchschnittlich hoch ist. Von den 37 Wildkatzenarten, die es auf der Welt gibt, kommen 14 in Indien vor – mehr als in jedem anderen Land. Auf dem gesamten afrikanischen Kontinent leben dagegen nur zehn verschiedene Wildkatzenarten. Dies verdeutlicht, wie wichtig Indien als Naturraum ist. Insgesamt sind rund 350 Säugetierarten, 540 Reptilienarten und 1200 Vogelarten in Indien beheimatet. Ein Grund für diese Artenvielfalt liegt in der Geografie des indischen Subkontinents. Die Landmasse ist riesig: Von der ozeanumspülten Südküste Indiens bis nach Norden in den Himalaya beträgt die Distanz rund 3200 Kilometer – die Entfernung von der Wüste im Westen nahe der pakistanischen Grenze bis zu den Regenwäldern im Osten an der Grenze zu Myanmar ist nur unwesentlich kürzer. Die Vielfalt der Lebensräume begünstigt eine sehr artenreiche Tier- und Pflanzenwelt.

Doch warum blieben große Teile dieser Vielfalt bis heute erhalten und wurden nicht – wie schon an so vielen anderen Orten der Erde – völlig zerstört? Die Antwort liegt bei den Menschen und wie sie mit ihren Mitgeschöpfen umgehen. Der Hinduismus als vorherrschende Religion Indiens predigt Ehrfurcht vor dem Leben und Respekt vor jeder Kreatur. Vor allem auf dem Land, wo Mensch und Tier sich am häufigsten begegnen und Religiosität bis heute den Alltag prägt, profitieren Wildtiere von diesen Grundsätzen. Viele Tiere wie Affen, Elefanten oder Kobras gelten sogar als heilig.

Solche traditionellen Ansichten haben ihren Platz auch im heutigen Indien. Es ist ein Land der Gegensätze: Schön und hässlich, arm und reich, modern und mittelalterlich – alles zur selben Zeit. Dieser Angriff auf die Sinne hat auf Reisende unterschiedliche Wirkung. Ich war fasziniert – und wollte vor allem mehr Zeit im Dschungel verbringen. Daher arbeitete ich in den Tigerreservaten Kanha und Bandhavgarh als Biologe. Über einen Zeitraum von rund 20 Jahren reiste ich immer wieder durch die unterschiedlichsten Regionen des Subkontinents. Entstanden ist dabei unter anderem dieses Buch. Kein allumfassender, sondern ein persönlicher Blick auf Indien. Eines der interessantesten, schönsten und vielfältigsten Länder der Erde – das Land der Tiger und Tempel.

Im Reich des Tigers

Einem Tiger in freier Natur in die Augen zu blicken, gehört zu den Höhepunkten einer Indienreise. Wo die Großkatze durch den Dschungel streift, ist die Natur noch weitgehend intakt.

Der Geist der indischen Wildnis

Aufgeregt kreischen die Affen in den Bäumen und springen von Ast zu Ast. Am Boden stoßen die stattlichen Sambarhirsche ihre bellenden Alarmrufe aus. Die Schwänze haben sie warnend erhoben, Augen und Ohren sind alle auf denselben Bereich des Dschungels gerichtet. Unruhe breitet sich aus, die Spannung steigt. Schließlich bewegt sich das Laub am Waldrand, langsam gleitet ein gestreifter Körper durchs Gras auf eine Lichtung und hält inne. Kraftvoll, schön und majestätisch – ganz Herrscher des Dschungels.

Kein Tier verkörpert den Geist der indischen Wildnis so sehr wie der Tiger. Wenn er sich zeigt, kann sich kaum jemand der Magie der Begegnung entziehen. Ob einfache Dorfbewohner oder weltgewandte Reisende – die Großkatze scheint alle unabhängig von Herkunft, Alter oder Bildung in ihren Bann zu ziehen. Dabei ist es stets ein Glücksfall, einen Tiger in freier Natur zu entdecken, weil sie scheu und inzwischen sehr selten sind.

Früher war das noch einfacher, denn Tiger bewohnten große Teile Asiens. Die anpassungsfähige Großkatze durchstreifte die Schilffelder am Kaspischen Meer ebenso wie Ostsibirien mit seinen eiskalten Wintern, die Gebirge der östlichen Türkei wie den indischen Dornwald oder die Regenwälder Indonesiens. Von den ehemals acht Unterarten wurden in den letzten 70 Jahren bereits drei ausgerottet, die verbliebenen haben nur noch eine inselartige Verbreitung. Durch Jagd, Wilderei und Lebensraumzerstörung sind Tiger aus weiten Teilen ihres ehemaligen Verbreitungsgebietes verschwunden. Indien beherbergt mit etwa 1700 Tieren den größten Bestand freilebender Tiger und spielt daher bei deren Erhalt eine zentrale Rolle.

Umso schockierender waren die Ergebnisse einer Tigerzählung im Jahr 2005. Im Sariska-Nationalpark waren die letzten Tiger unter den Augen von Rangern und Reservatsverwaltung gewildert worden – ein neuer Tiefpunkt bei den Schutzbemühungen um Indiens Symboltier. Bald darauf verlor auch der Panna-Nationalpark seinen letzten Tiger. Der Abwärtstrend musste gestoppt werden! Mit der neu aufgestellten Nationalen Tigerschutzbehörde sollte die Rettung des Tigers wieder Schwung bekommen. Die konsequente Überwachung bestehender Schutzgebiete und die Ausweisung weiterer Reservate waren dabei wichtige Schritte. Inzwischen gibt es 39 Tigerreservate in Indien, die zusammen mit weiteren Schutzgebieten rund 82000 km^2 wichtiger Lebensräume bewahren sollen. Eine Fläche, die etwa der Größe Österreichs entspricht.

Doch lohnt sich angesichts der dramatischen Bestandsentwicklung der Einsatz für den Tiger überhaupt? Um diese Frage zu beantworten, hilft ein Blick auf die jüngere Geschichte. Als „Project Tiger", der erste große Rettungsversuch für die Tiere, im Jahr 1973 gestartet wurde, gab es in Indien noch etwa 1800 der Großkatzen. Aufgrund strenger Schutzmaßnahmen hatte sich ihr Bestand aber nach offiziellen Angaben innerhalb von zehn Jahren mehr als verdoppelt. Die Tigerpopulation hat das Potenzial, sich relativ rasch zu erholen. Die Tiere brauchen Rückzugsmöglichkeiten, Wasser und Beute – dabei sind sie nicht wählerisch. Die Anzahl der Tiger ist zwar stark zurückgegangen, aber die Restbestände leben noch weit verstreut. Wenn die Wilderei eingedämmt wird und die Lebensbedingungen des Tigers wieder verbessert werden, könnte die Zahl der majestätischen Großkatzen auch wieder steigen – dafür lohnt sich jeder Aufwand!

Ein Tigermännchen streift durch den Ranthambhore-Nationalpark in Rajasthan. Ruinen von Tempeln und Palästen, die vom Dschungel zurückerobert wurden, sind inzwischen Teil der Tigerreviere geworden. Das Gebiet ist dafür berühmt, dass sich die Großkatzen häufig in offenem Gelände sehen lassen.

Im Herzen des Ranthambhore-Nationalparks liegen einige Seen. Weil sich hier immer viele Beutetiere aufhalten, sind diese Reviere bei den Tigern besonders begehrt.

Ein Tiger, der nach Beute Ausschau hält, stellt für viele Tiere eine große Gefahr dar. Einige Dschungelbewohner stoßen daher charakteristische Warnrufe aus. Hanuman-Languren entdecken die Raubtiere oft zuerst, weil sie von den Baumkronen aus einen guten Überblick haben, und beginnen zu rufen. Sambarhirsche sind dann sofort alarmiert. Da sie zu den bevorzugten Beutetieren des Tigers gehören, müssen sie immer wachsam sein.

Kräftige Tiger attackieren gelegentlich sogar Gaur, obwohl diese gewaltigen Wildrinder äußerst wehrhafte Gegner sind. Starke Bullen können bis zu einer Tonne wiegen, Weibchen bleiben deutlich leichter.

Ein Tiger lauert vergeblich einer Herde Axishirsche auf – die Tiere haben ihn längst bemerkt. Ein anderer Tiger hatte mehr Glück und konnte ein Wildschwein erbeuten. Wenn Bengalengeier einen Riss entdecken, kommt es unter den Vögeln häufig zu Rangeleien.

In den Kernzonen von Nationalparks, wo Tiger keine Menschen fürchten müssen, zeigen sich die Tiere manchmal völlig ungestört. Schon junge Tiger, die hier heranwachsen, scheinen ganz Herrscher des Dschungels zu sein. Für das Überleben der Art sind die Schutzgebiete von zentraler Bedeutung.

Königsriesenhörnchen sind Verwandte unserer Eichhörnchen, erreichen aber die Größe einer Katze. In den Baumkronen bewegen sie sich außerordentlich geschickt.

Vom Schutz der Lebensräume profitieren nicht nur Tiger, sondern auch viele andere Arten. Dieses Pärchen Weißbauchspechte zimmert gerade eine Höhle. Das Männchen besitzt neben der auffälligen Federhaube auch rote Wangenstreifen.

Die Schicksale von Tigern und Asiatischen Elefanten sind eng verknüpft. Beide Arten brauchen große zusammenhängende Wälder. Häufig kommen sie im selben Gebiet vor, wie hier im Nagarhole-Nationalpark. Weibchen (rechts) haben im Gegensatz zu den Männchen (links) keine Stoßzähne.

Asiatische Elefanten leben in Familienverbänden, die von einem alten erfahrenen Weibchen angeführt werden (links). In der Regel sind alle Tiere eng miteinander verwandt. Erwachsene Männchen müssen die Herde verlassen. Sie ziehen dann meist als Einzelgänger umher (rechts).

Rothunde, auch Asiatische Wildhunde genannt, sind äußerst effektive Jäger. Hier hat das Rudel einen Axishirsch zur Strecke gebracht. Schließlich traut sich auch ein Jungtier an den Riss. Wissenschaftler befürchten, dass in ganz Asien nur noch rund 2500 Rothunde in freier Natur leben. Die Tiere sind seltener als Tiger.

schließen Slowenien und Kroatien ein Wirtschaftsabkommen, ohne sich über die von Slowenien beanspruchte Bucht von Piran zu einigen. Am 8.2. löst der französische General Bertrand de Lapresle seinen von der französischen Regierung abberufenen Vorgänger Jean Cot als UNPROFOR-Oberbefehlshaber ab. Am 9.2. stellt die Nato den Serben das Ultimatum, schwere Waffen im Umkreis von 20 km von Sarajevo in zehn Tagen abzuziehen oder der UNO zu übergeben. Am 16.2. beginnt Griechenland eine Blockade gegen Makedonien. Am 17.2. beschließt Russland die Entsendung von 400 Soldaten nach Sarajevo und fordert den Westen auf, auch die Bosniaken zum Abzug der schweren Waffen zu bewegen. Die Serben treten nun den Rückzug bei Sarajevo an, in Westbosnien verstärken sie ihre Angriffe. Am 20.2. verständigen sich Clinton und Jelzin darüber, dass kein Nato-Luftangriff erfolgt. Am 23.2. vereinbaren die bosnischen Kroaten mit den Bosniaken in Zagreb einen Waffenstillstand, der in der Folgezeit gehalten wird. Unter US-amerikanischer Vermittlung werden ab 26.2. in Washington die kroatisch-bosniakische Föderationsverhandlungen geführt. Am 28.2. schießen zwei US-Flugzeuge im ersten Nato-Kampfeinsatz seit Gründung des Bündnisses vier serbische Kampfflugzeuge ab, die über Nordbosnien das Flugverbot verletzten. Das Nato-Vorgehen wird von Russland gebilligt.

MÄRZ 1994: Am 1.3. unterzeichnen die bosnisch-herzegowinische Regierung und die Vertretung der bosnischen Kroaten ein vorläufiges Abkommen über eine bosniakisch-kroatische Föderation auf 58 % des Republikterritoriums. Karadžić stimmt der Öffnung des Flughafen Tuzla für humanitäre Hilfe zu. Am 17.3. wird die Verkehrsblockade nach Sarajevo aufgehoben. Nach einem Jahr Krieg zwischen Muslimen und Kroaten unterzeichnen am 18.3. nach der Einigung vom 13.3. in Wien Tuđman und Izetbegović das Washingtoner Abkommen über die bosniakisch-kroatische „Föderation Bosnien-Herzegowina" aus acht Kantonen. Diese Föderation wiederum soll mit Kroatien konföderiert werden. Sie wird am 26.3. von der Versammlung der bosnischen Kroaten und am 29.3. vom bosnisch-herzegowinischen Parlament gebilligt. Landung der ersten UNPROFOR-Maschine am 22.3. auf dem zwei Jahren geschlossenen Flughafen von Tuzla, der Abwurf von Hilfsgütern aus der Luft wird eingestellt. Am 29.3. serbischer Angriff auf die UN-Schutzzone Goražde. Ende des Monats Waffenstillstand zwischen den „Krajina"-Serben und Kroatien – unter russischer Vermittlung – der bis 5.4 den Rückzug schwerer Waffen 20 km hinter die Frontlinie vorsieht. UN-Truppen sollen die Waffen übernehmen und eine Sicherheitszone bilden. Am 30.3. tritt Slowenien der „Partnerschaft für den Frieden" mit der Nato bei, am 31.3. wird das UNPROFOR-Mandat erneut um sechs Monate verlängert; inzwischen sind über 10.000 Mann stationiert.

APRIL 1994: Serbische Truppen dringen in die Schutzzone Goražde ein, in der sich UN-Beobachter aufhalten. Die Muslime werfen am 8.4. den Serben vor, bei ihrem Angriff Giftgas eingesetzt zu haben. Nachdem die Serben dem UNPROFOR-Oberkommandierenden, General Rose, den Besuch in Goražde verweigern, wird UN-Beauftrager Akashi ermächtigt, Luftangriffe anzuordnen. Am 10.-11.4. bombardieren Nato-Flugzeuge serbische Stellungen bei Goražde als Verteidigungsmaßnahme für das UN-Personal. Dies wird von der russischen Regierung kritisiert. Da die Serben ihren Angriff mit schweren Waffen fortsetzen, droht Akashi weitere Luftschläge an. Am 14.4. greifen serbische Truppen UN-Einheiten als Vergeltung für die Bombardierung von Goražde an. Bei Sarajevo nehmen sie 14 kanadische Blauhelme als Geiseln. Am 16.4. wird ein britisches Flugzeug über Goražde abgeschossen, der Pilot kann sich retten. Am 22.4. droht die Nato weitere Luftangriffe an, wenn die Serben bis zum 27. 4. die schweren Waffen von Goražde nicht abziehen. Darauf lassen die Serben ein kleines UN-Kontingent in die Stadt einrücken und ziehen sich drei statt der geforderten zwanzig Kilometer zurück. Die Nato erneuert ihre Bombardierungsdrohung. Am 26.4. tagt in London erstmals die „Kontaktgruppe für Bosnien" mit Vertretern der USA, Russlands, Großbritanniens, Frankreichs und Deutschlands.

MAI 1994: Der US-Senat stimmt am 12.5. für die Aufhebung des Waffenembargos gegen Bosnien-Herzegowina. Am 13.5. vereinbart in Genf das erste Ministertreffen der Kontaktgruppe, dass bei Truppenrückzug der Serben eine Aufhebung der Sanktionen angekündigt werden soll. Die bosniakisch-kroatische Föderation tritt am 31.5. nach der Verfassungsannahme durch das Parlament in Kraft. Erster Präsident der Föderation wird der Kroate Krešimir Zubak. Die Verfassung sieht vor, dass das Präsidentenamt jährlich zwischen den beiden Nationen rotiert. Beide Armeen sollen zusammengelegt werden.

JUNI 1994: Die Serben und die bosniakisch-kroatische Föderation vereinbaren am 8.6. eine einmonatige Feuerpause. Am 9.6. stimmt auch das US-Repräsentantenhaus für eine Aufhebung des Waffenembargos. Am 23.6. stellt Haris Silajdžić eine gemeinsame Regierung von Bosnien-Herzegowina und der (bosniakisch-kroatischen) Föderation vor. Am 27.6. beginnen die bosnisch-herzegowinischen Truppen eine Offensive.

JULI 1994: Die Kontaktgruppe legt am 5.7. einen Teilungsplan für Bosnien-Herzegowina vor (49 % an die Serben, 51 % an die bosniakisch-kroatische Föderation), der am 16.7. vom Parlament der bosnischen Kroaten und am 18.7. vom bosnisch-herzegowinischen Parlament gebilligt wird. Am 20.7. fordert Karadžić Erweiterungen des Teilungsplans der Kontaktgruppe, u.a. einen Adriazugang. Am 23.7. übernimmt die EU die Verwaltung von Mostar, der ehemalige Bremer Bürgermeister Hans Koschnick wird als EU-Administrator eingesetzt. Am 25.7. empfiehlt UN-Generalsekretär Boutros-Ghali dem UN-Sicherheitsrat den Abzug der UNPROFOR, die für ihre Aufgaben zu schwach ausgestattet sei.

AUGUST 1994: Die serbische Regierung droht am 2.8. den bosnischen Serben mit dem Abbruch aller Beziehungen, wenn sie nicht in den Friedensplan der Kontaktgruppe einwilligen und setzt zwei Tage später nach einer weiteren Ablehnung diese Drohung um und schließt die Grenze zwischen Jugoslawien und dem Gebiet der bosni-